《论语》里的大智慧

我的趣味国学课

芒果哥哥 谢梦冰 著

CTS 湖南少年儿童出版社
HUNAN JUVENILE & CHILDREN'S PUBLISHING HOUSE
·长沙·
小博集
BOBKY KIDS

图书在版编目（CIP）数据

《论语》里的大智慧 / 芒果哥哥，谢梦冰著. -- 长沙：湖南少年儿童出版社，2022.7

（我的趣味国学课）

ISBN 978-7-5562-6363-9

Ⅰ.①论… Ⅱ.①芒… ②谢… Ⅲ.①儒家②《论语》-少儿读物 Ⅳ.①B222.2-49

中国版本图书馆CIP数据核字（2022）第046763号

WO DE QUWEI GUOXUEKE ·《LUNYU》LI DE DA ZHIHUI

我的趣味国学课·《论语》里的大智慧

芒果哥哥　谢梦冰　著

责任编辑：唐 凌 李 炜	策划出品：小博集
策划编辑：王 伟	特约编辑：董 月
营销编辑：付 佳 付聪颖 周 然 杨 朔	封面设计：霍雨佳
特邀策划：汪海英 杨秀文	版式排版：霍雨佳

出 版 人：刘星保

出　　版：湖南少年儿童出版社

地　　址：湖南省长沙市晚报大道89号　　　　邮　编：410016

电　　话：0731-82196340（销售部）　　　　0731-82194891（总编室）

传　　真：0731-82199308（销售部）　　　　0731-82196330（综合管理部）

常年法律顾问：湖南崇民律师事务所 柳成柱律师

经　　销：新华书店　　　　　　　　　　　　印　刷：北京尚唐印刷包装有限公司

开　　本：889 mm×1194 mm　1/16　　　　印　张：8

版　　次：2022年7月第1版　　　　　　　　印　次：2022年7月第1次印刷

书　　号：ISBN 978-7-5562-6363-9　　　　定　价：35.00元

若有质量问题，请致电质量监督电话：010-59096394　团购电话：010-59320018

目录

第1课　**学习是件快乐的事情**
孔子是个有趣的老师 / 001

学习要精益求精　第2课
孔子学琴 / 007

第3课　**不做滥好人**
有惊无险的"夹谷之会" / 013

不做固执的人　第4课
孔子为肉辞职 / 020

第5课　**如何面对别人的不理解？**
有人骂孔子是"丧家之狗" / 027

1

第6课　**远离小人**

阳虎送蒸猪 / 033

承认自己的不足

子羔不适合当官 / 039　第7课

第8课　**尊严有多重要？**

子路之死 / 044

语言的力量

外交家子贡 / 050　第9课

第10课　**劳逸结合**

孔子观蜡（zhà）论俗 / 058

子张

颜回

子贡

第 11 课　**榜样的力量**

子贡赎人 / 065

知足常乐　第 12 课

安贫乐道的颜回 / 070

第 13 课　**先了解别人再下判断**

颜回没有偷吃 / 075

任何人都可以是老师　第 14 课

孔子被小孩子难住了 / 080

第 15 课　**每一个理想都值得被尊重**

孔子和学生谈理想 / 087

子路

第 16 课

逆流而上的勇气

孔子迷路了 / 094

劝说的智慧

孔子击磬（qìng） / 100

第 17 课

第 18 课

好学生的标准

孔子对学生的评价 / 105

快乐的竞争

君子之争 / 111

第 19 课

第 20 课

仁者爱人

什么是真正的"仁"？ / 116

学习是件快乐的事情

孔子是个有趣的老师

> 子曰："学而时习之，不亦说乎？"
>
> ——《论语·学而》

■ 各行各业都有自己的祖师爷，比如农民的祖师爷是神农氏，建筑工人的祖师爷是鲁班……在某一行业有天赋的人就被称为"祖师爷赏饭吃"。那么，老师的祖师爷是谁呢？他就是本书要讲的大名鼎鼎的孔子。■

孔子，名丘，字仲尼。"子"是古代对有学问的男子的尊称。《史记》中记载，孔子出生的时候"首上圩顶"，也就是头顶有点凹陷，再加上他的母亲曾在尼丘（今山东尼山）上祷告，希望早日得到一个孩子，因此孔子得名"丘"。《说文解字》对"丘"的解释为："四方高中央下为丘。"同学们，想象一下，孔子的母亲给他取这个名字是不是很形象呢？

孔子出身于贵族，祖籍是宋国，他的祖上为了躲避政治迫害来到了鲁国，于是孔子就在鲁国（今山东曲阜一带）出生了。孔子父母的年纪相差很大，在孔子三岁的时候，他的父亲就去世了，母亲一个人含辛茹苦地将他养大。

孔子从小就跟别的小孩不一样，天生好礼，喜欢摆弄那些祭祀用的小盘子、小碗，模仿大人的礼仪。

　　成年后的孔子最尊崇的就是"礼"。

　　春秋时期，战乱频发，各个诸侯国打来打去。战国时期的大思想家孟子就曾对这些不顾百姓疾苦，只管王侯争利的战争做出过评价——"春秋无义战"，意思是春秋时期没有任何一场战争是正义的。

　　孔子对当时这种现象也很不满意，他主张和平统一，希望恢复西周的礼乐秩序，一心想用他渊博的学识为国家出力。不过，孔子这条路走得并不顺畅。他二十岁左右开始入仕，当过仓库管理员，也管过牲口，但这些都是芝麻大的小官。一直到五十岁，孔子才做了鲁国司寇。但是好景不长，几年之后，孔子就因对当时的鲁国国君失望透顶而离开鲁国，从此带领弟子周游列国，希望可以在别的国家实现自己的政治抱负。他们颠沛流离达十三年之久，到过卫、曹、宋、郑、陈、蔡、楚等国，求见了七十多位君主。

　　孔子一直希望得到重用，发挥所长，但他处处碰壁，终生未能得志，于是他把毕生精力都放在了教书育人上。据说，他有弟子三千人，其中贤者七十二人。孔子强调"有教无类"，在他看来，不管是贵族还是平民，都可以接受教育。他还提倡因材施教——根据学生的特点，用不同的教育方法，让每个学生都能找到学习的乐趣，发挥自己的所长。因此，孔子无论走到哪里，都很受人尊敬，后世也称他为"万世师表"。

　　孔子周游列国的时候，途经了楚国的叶邑（位于今河南省中部），那时他已经六十多岁了。叶邑的长官就向孔子的弟子子路打听孔子的为人。子路没有回答。后来，孔子知道了这件事，就跟子路说："哎呀，你怎么不告诉他，我这个人哪，用功起来会忘记吃饭，常常自得其乐，忘记了忧愁,连自己快要老了都不知道。"

　　我们要知道，孔子是一个对吃很有追求的人。他

曾说过："食不厌精，脍（kuài）不厌细。"食物不新鲜不吃，颜色不对不吃，味道不好不吃，烹饪不当不吃，不到吃饭的时间不吃……这么一个精致的美食家都能忘记吃饭，可见让他专注的事情有多重要！

"学而时习之，不亦说乎？"孔子专注的事情是什么呢？当然是学习了。简单来说，不断学习，时常温习，对孔子来说，就是一件很快乐的事。快乐到什么程度呢？快乐到忘记了时间，忘记了忧愁，连自己快要老了都不知道。

孔子半生颠沛流离，自己的理想始终不能实现，他却仍然能从学习中得到乐趣，保持乐观的心态，忘记忧愁。这一点，是不是很值得我们学习呢？

读一读，想一想

一想到读书，很多同学就头疼。但是让我们把目光聚焦到两千多年前孔子生活的时代，那个时候，并不是每个人都有机会读书的，只有少数贵族才去得起学堂，大部分人一生可能都大字不识一个。我们现在有机会学习，难道不应该珍惜吗？虽然我们现在的生活比两千多年前的人们幸福多了，但在我们看不到的很多地方，还有战乱，还有贫穷，还有很多与我们同龄的孩子上不了学，想到他们，我们难道不更该珍惜眼前的生活吗？

学习要精益求精

孔子学琴

> 子贡曰："《诗》云：'如切如磋，如琢如磨。'其斯之谓与？"
>
> ——《论语·学而》

在孔子的时代，学校教授礼、乐、射、御、书、数六个科目，它们被统称为"六艺"，简而言之，就是礼法、乐舞、射箭、驾车、读写和算术。孔子是一位博学多才的老师，他自己就会教学生以上六个科目的内容。但孔子这个身兼多职的老师可不是只会些皮毛，他对每一门功课都有非常深入的钻研。

孔子曾向师襄子学琴。师襄子是一位乐官，被人尊称为襄子，"师"不是他的姓，而是周朝对乐官之首的称呼。

师襄子教孔子弹了一首曲子，孔子学起来很快，不一会儿就弹得很好了。师襄子对此很满意。不过，孔子还在努力练习，一连十天，都没有换新的曲子来学习。于是，师襄子跟孔子说："这首你已经学会了，我们可以学习新的内容了。"

孔子摇摇头说："不行。我虽然已经熟悉了乐曲

的弹奏方式，但还没有熟练掌握弹奏的技巧。"

师襄子同意了，他对孔子说："那你继续弹吧。"

过了一段时间，师襄子发现孔子弹起琴来各种技巧都已非常娴熟，曲子也婉转动听，非常流畅。于是他就跟孔子说："你换一首曲子弹吧。"

孔子说："还不行。我虽然熟悉弹奏的技巧了，但是还不了解这首曲子所要表达的思想。"

师襄子听了点点头，觉得孔子这位学生很特别，于是让他继续弹。

就这样，孔子又将这首曲子弹了好几天，达到了炉火纯青的地步，连师襄子都挑不出一点毛病。于是他跟孔子说："你可以学习新的内容了。"

孔子说："还不行。我现在了解了这首曲子所蕴含的思想，甚至能通过曲调隐约勾勒出曲中人的样子，但那人还很模糊，我想再多弹弹，真真切切地感知曲中的人物。"

孔子想通过弹奏亲近曲中人，这在师襄子看来太匪夷所思了，但他也想看孔子再弹下去会有什么心得，就让孔子继续弹。

又过了几天，孔子弹琴时脸上的神情都变了，仿佛进入了新的境界，他时而庄重穆然，若有所思，时而又怡然自在，仿若登高望远般舒畅豁达。他对师襄子说："我现在知道这首曲子里人的样子了，这个人瘦瘦的，黑黑的，身材高大，眼睛看着远方，有一种统有天下的风范，如果不是周文王，那又会是谁呢？"

师襄子听到孔子这番话，立刻离开老师的座位，向孔子行礼，说道："我听我的老师说过，这首曲子应该就是《文王操》。你居然凭借曲子看到了文王的样子！"

《文王操》是周文王的所作乐曲，非一般人可以

领会，而孔子
却可以在反复
练习和钻研中一步
步提升，由旋律、技巧步步深
入，进而领会其思想，最终得见曲中人的面目，
真正领略乐曲的真谛。孔子精益求精的学习态度让作
为老师的师襄子也深感佩服。

　　《论语》记录了孔子及其弟子的言行，孔子这种
精益求精的态度在《论语》中也多有体现，其中有一
句为"如切如磋，如琢如磨"。这句话原本出自《诗
经·卫风·淇奥》，意思是君子德行的养成就像制作
一件玉器一样，制作玉器时要先将一大块玉石切开，
切了之后还要用小锉（cuò）子不断锉掉石头的部分，
再雕琢样式，雕琢了之后还得细细打磨，直到一件质
地纯净、造型优美、玲珑剔透的玉器产生。在《论语·学

而》中，子贡受老师孔子的启发，感悟到一个人对自我道德的培养应该"如切如磋，如琢如磨"，好上加好，精益求精，从而受到了孔子的表扬。

精益求精，修德如此，做学问亦当如此。

读一读，想一想

我们今天要学的课程可比孔子那个时代多多了，很多同学可能觉得自己掌握了老师说的、课本上教的就好了，但实际上，知识之间往往是相通的。例如：某篇语文课文，我们深挖下去，就会发现课文背后其实还有一个重要的历史知识；一道看似简单的数学题，其实有多种解法，甚至背后还有一些数学定律。这些问题，我们只有深入钻研了才会了解。说不定，当你深入了解后，枯燥的书本内容也变得更加生动有趣了呢！

不做滥好人

有惊无险的"夹谷之会"

或曰："以德报怨，何如？"子曰："何以报德？以直报怨，以德报德。"

——《论语·宪问》

■ 孔子的一个学生来请教他："老师，有人对我不好，我不反抗，反而要对他好，用我的道德和教养让他悔悟，这样做好不好？"孔子就说了："他对你不好，你用'德'来回报，那对你好的人，你拿什么来回报？以德报德，以直报怨。别人对你好，你当然应该对别人好。别人对你不好，你也不必无原则地对他好，该怎么对他就怎么对他！"

看来，孔子并没有教大家做滥好人，相反，他爱憎分明，是一个很有原则的人。下面这个故事就很好地说明了这一点。■

公元前 500 年的春天，鲁国和齐国结束了之前的敌对关系，重归于好。到了夏天，齐国决定与鲁国会盟，于是两国相约在一个叫"夹谷"的地方会见。

长期以来，实力一般的鲁国时常被实力强大的齐国欺凌，此次齐国虽然口头上说和谈，实际上还打着自己的小算盘，打算在这次谈判的会议上，给鲁国一个下马威，让鲁国臣服。

当时，孔子担任鲁国的大司寇，被任命随行，辅助鲁君完成此次夹谷之会。齐国的大夫犁弥知道这件事后，就对齐国国君齐景公说："孔丘这个人，虽然很懂得礼仪，但没什么胆量，如果我们派人劫持鲁侯，他一定拿我们没办法。这样，咱们一定能够如愿让鲁国臣服。"齐景公把犁弥的话记在了心上，决定按他说的那么干。

到了夹谷，两国国君在预先筑好的有三级台阶的台子上会见。会见的时候，按照当时的礼节，双方也互相行了礼，献了酒。这时候，齐国的主管官员上前请示说："两国国君在此进行友好的会见，何不让人

前来演奏四方之乐助兴？"齐景公假模假式地答应了。
于是，一群挥舞着旗帜，手中持有剑、戟（jǐ）等武器
的武士敲着战鼓拥到台下，台下顿时乌泱乌泱的，乱
成一片。孔子见状，赶忙往台子上跑。

在当时，登台阶是有讲究的，每登一级台阶都得
把两脚并拢一次，不能直接一步一级地往上走。但在
这个危急时刻，孔子也管不了那么多了，一步一级地
往上冲，还没等上完最后一级台阶，他就扬起袖子一挥，

喝道："今天两国国君在这里进行友好的会见，竟然有武士手持兵器扰乱现场，甚至对我们国君图谋不轨，难道这就是齐侯对待天下诸侯的礼仪吗？"

齐景公本来就心中有鬼，听了孔子这番话后，更觉得自己理亏，因此不得不向孔子表达歉意，接着挥了挥手，让那些武士退了下去。

过了一会儿，齐国的主管官员又上来请示说："请允许演奏宫廷音乐。"齐景公应允了。一时间，乐声大作，一群歌舞艺人和侏（zhū）儒在两位国君面前表演各种低俗不堪的歌舞，会盟现场乌烟瘴气。

于是，孔子又快步上前，喝道："这些人竟然敢在大庭广众之下如此轻佻放浪，戏弄诸侯，这是败坏礼制的严重罪行，请相关官员立刻严刑执法！"

齐国众人见孔子神情严肃，态度坚决，谁也不敢上

鲁

前阻拦，只好眼睁睁地看着这些人被依法处置。

齐景公被执刑的场面吓住了，知道自己没理，眼下僵持下去也得不到什么好处，劫持鲁定公更是一点希望也没有，于是只敷衍了几句，匆匆结束了这次会见。

回国之后，齐景公埋怨他的大臣们："鲁国的臣子用君子之礼辅佐他们的国君，你们教我的却都是些野蛮人的做法，让我在鲁国君臣面前丢尽了脸，这下怎么办？"

齐国的主管官员就上前回答说："君子有了过错，就用实际行动来向人家道歉认错；小人有了过错，就用花言巧语来谢罪。您如果真的后悔了，我们就用具体行动来表达歉意吧。"

于是，齐景公下令把从前侵占鲁国的郓（yùn）、汶（wèn）阳、龟阴的土地还给了鲁国，以此表达自己的歉意。

读一读，想一想

　　孔子对付齐国君臣的故事，也给我们很多启发。那些外表貌似强大、不可一世、骄横跋扈的人，往往理屈。面对他人的无礼挑衅，如果一味忍让，那么不仅当下会给个人带来危险，有时候还可能会损害长远的利益。

　　在学校里，同学之间有时候也会打打闹闹。但是，如果有人常常无缘无故地欺负人，我们就应该第一时间进行阻止。在无法解决问题的时候，你可以积极寻求老师和家长的帮助，找到正确的解决方法。

═ 不做固执的人 ═

孔子为肉辞职

> 子绝四：毋意，毋必，毋固，毋我。
>
> ——《论语·子罕》

人们都称孔子为"圣人"，但是大家知道"圣人"孔子的爱好是什么吗？他的爱好是吃肉。据说孔子收徒有个要求，他不要钱，只要十条干肉。在他看来，肉可比钱重要多了。而且肉食资深爱好者孔子有天居然还为了一块肉辞职了，这是怎么回事呢？

　　"夹谷之会"中的鲁君就是鲁国的国君鲁定公，他讲究礼节，很有君王的风范。不过，他作为君主，也有很多无可奈何的时候。因为在当时的鲁国，国君之下还有一个庞大的阶层，叫"三桓"。"三桓"是鲁桓公三个儿子的后裔形成的三大家族，分别是孟孙氏、叔孙氏、季孙氏，他们的权力超过了鲁定公。

　　"三桓"都对鲁定公的江山虎视眈眈，他们背后的家臣其实也在觊觎各自主人的产业，其中最为突出的就是季孙氏的家臣阳虎。于是公元前502年，阳虎联合季寤、公山不狃（niǔ）等人发动政变，想要挟持季桓子，重新分配"三桓"家族的势力，并与孟孙氏进行对抗。不过孟孙氏早就料到阳

虎会谋反，做好了充足的准备，很快就把阳虎镇压了。

"阳虎之乱"让"三桓"的继承人意识到"家贼难防"，可他们苦于找不到制约这些家臣的方法，只能按兵不动。这时候，孔子看准了时机，向鲁定公献策。孔子对鲁定公说："卿大夫的家中不能私自藏有兵器和铠甲，他们的封地内不能建有大规模的都城，这是古代流传下来的礼制。现在孟孙氏、叔孙氏、季孙氏的三座城池远远超越了礼制，请您允许我削减他们的势力。"虽然鲁定公很同意孔子的想法，可他知道想要扳倒"三桓"绝非易事。

孔子看到鲁定公将信将疑的神情，便向他分析了当时的局势。其实，当时"三桓"的家臣多多少少都霸占着一些土地，孔子这一提议正好让"三桓"有理由去收拾那些不安分的家臣。

当时孔子的弟子子路在季孙氏做官，他得到了季孙氏的指令后，马上带人去拆除三座都城——费邑、郈（hòu）邑、成邑的城墙。在拆除了叔孙氏的郈邑、季孙氏的费邑之后，孟孙氏的掌权人却反悔了，他的手下告诉他，这样做虽然家臣安分了下来，但他们自己的权力也被压制了。于是"三桓"开始对孔子有意见，孔子的改革之路也艰难起来。

"夹谷之会"后，齐国的大臣们都怕孔子得到重用，担心鲁国发达了就会首先把矛头对准齐国，于是之前在"夹谷之会"出坏主意的犁弥这时候又跳出来了，他对齐景公说："我们得想办法阻止鲁国称霸！"他知道鲁定公和季桓子喜好玩乐，就送了八十名美女和一百二十四好马给他们，鲁定公和季桓子果然没禁得住诱惑，从此二人整天沉迷享乐，不理朝政。

孔子的学生子路见状，就劝孔子说："老师，您可以离开鲁国了。"孔子摇摇头说："再等等，鲁国很快就要祭天了，如果我在那之后收到祭肉，说明他们还是尊重我的，那我还可以留一留。"

最终，季桓子因为耽于享乐，没有把祭肉送给大臣，孔子也没有等到鲁定公的幡（fān）然醒悟。

这时孔子对鲁定公已经不抱任何幻想了。对孔子来说，不送祭肉足以表明鲁定公已经不再重视孔子的主张。因为祭天之后将祭肉分给臣子，是当时的礼制，而孔子毕生的追求就是要恢复西周的礼乐制度。鲁定

公和季桓子明知故犯，在孔子看来，是不能接受的。

　　孔子并不是一个为了当官就可以放弃自己理想的人。他的原则是，如果君主励精图治，他就会尽心竭力地帮其治国；如果君主昏庸无道，那他只能离开去寻找明君。于是孔子辞去了自己的官职，带领一众弟子离开了鲁国，开始了漫长的周游列国生涯。

　　很多人以为孔子是老学究，其实孔子活得很通透。对他来说，如果努力过了还没有结果，就不会强求。孔子有四件事绝对不做，"毋意，毋必，毋固，毋我"，意思是不凭空猜测，不武断绝对，不固执拘泥，不自以为是。

读一读，想一想

当孔子的主张不能推行的时候，他没有一意孤行，而是平静离开，去另一个地方发光发热。不固执，不强求，才是孔子豁达的人生观。我们做事也一定要有自己的原则，不要轻易放弃，但也不能刻意强求。比如你发现目前的选择不是最适合自己的，那就去自己更擅长的领域努力，因为人各有所长，就像手掌一样，大拇指最短却最有力，食指不是最长的，却最灵活。

如何面对别人的不理解？

有人骂孔子是"丧家之狗"

> 人不知而不愠，不亦君子乎？
>
> ——《论语·学而》

■ 众所周知，孔子是受人尊敬的"万世师表"，但大家知道吗，这位"万世师表"曾经也被人骂过"丧家之狗"！这是怎么回事呢？■

故事发生在孔子周游列国的时候。鲁国内乱，孔子带着一众弟子离开鲁国，周游列国，顺便为自己谋一份差事，但这一路他们一直没什么机会，不断被追赶，甚至还有人想杀孔子。

有一次，孔子和他的弟子们到了卫国一个叫匡的地方。孔子一行人的出现，引起了匡城人的注意，他们见孔子一群人浩浩荡荡的，十分可疑。恰好这个时候，给孔子赶车的弟子又指着城墙的一个缺口说："以前我来匡城的时候，就是从这个缺口进去的。那时，我还为阳虎驾过车。"匡城人听到他这些话，顿时变了脸色。阳虎曾带兵骚扰过这个地方，那城墙上的缺口就是打仗时遗留下来的。这让匡城人悲愤不已，他

们仔细看了看为首的孔子，长得又那么像阳虎，于是迅速把孔子和他的弟子们围了起来。

这一围就是五天。孔子的弟子们都开始骚动起来，害怕自己会死在这里，孔子却神色如常，淡定地说道："周文王死了之后，西周的文明不是我在传承吗？上天如果想摧毁这文明也就罢了；如果它还想让西周的文明传承下去，匡城人又能把我怎么样呢？"

孔子的意思是，既然上天赋予他传承西周文明的神圣使命，他就命不该绝，又何必在意这点小挫折呢？

说完，孔子让子路弹琴歌唱，孔子也跟着唱了起来，

连着唱了三遍才停止。那歌声悲凉，唱出了孔子壮志难酬的心声。这时，匡城人相信他不是那可恶的侵略者阳虎，便自己散去了。

在这之后，孔子又经过了郑国，在那里，他和弟子们走散了。

孔子的弟子子贡很着急，逢人就问孔子在哪儿。这时候有个人走到他跟前，笑嘻嘻地说："我看见东门外有个人，长得挺端正，他的前额像圣人唐尧，脖子像有名的法官皋（gāo）陶，肩膀像大政治家子产，腰以下又像治水的大禹，不过还短三寸就是了，样子

很狼狈，像没了家的野狗一样，不知道是不是你们要找的老师？"

子贡猜测那人就是孔子，便急忙赶到东门，果然遇上了孔子。孔子问子贡刚才去哪儿了，子贡就把路人说的话又说了一遍给孔子听。没想到孔子听完后不仅没生气，还哈哈大笑说："外表不重要，不过他说我像丧家之狗倒是说得挺对！"

看了上面的故事，大家会不会觉得孔子挺奇怪的，别人把他当成侵略者，又说他像丧家之狗，他却不生气。孔子有一句名言——"人不知而不愠，不亦君子乎"，意思是，别人不了解自己，自己并不生气，不也是君子吗？路人不知道孔子是谁，看到他的样子就把他当成欺压百姓的坏人，还有人说他是丧家犬，这都是因为他们不了解孔子。既然不了解，那他们说什么对孔子来说并不重要，孔子又怎么会生气呢？孔子知道自己是谁，也知道自己要做什么，他是一个文明传承者，他有着复兴"周礼"的信念，他对自己的身份有非常清晰的认知和自信，这样的人，又怎么会在意别人的误解呢？

读一读，想一想

　　有人在背后说你的坏话，你会不会觉得很生气？有的事明明你没做过，偏偏好多人都觉得是你做的，真是有口难辩。这个时候，大家不妨学学孔子的"人不知而不愠"。你想想，他们不了解你，但你是什么样的人，你自己不清楚吗？只要自己问心无愧，又何必在乎别人怎么说呢？毕竟我们没有办法被所有人喜欢。被冤枉的感觉确实不好，但是我们也不用生气，选择那些明事理的、愿意听你解释和理解你的人做朋友吧。

═ 远离小人 ═

阳虎送蒸猪

> 子曰："君子和而不同，小人同而不和。"
> ——《论语·子路》

■ 品尝美食的感觉多美妙哇！但孔子曾经遇到一个难题：有人出于私心，给孔子送了好吃的，想让孔子帮他做一些违心的事情。最后孔子到底收没收礼物呢？我们来看看这个故事吧。■

故事发生在"夹谷之会"以前，那时孔子还未受到鲁定公的赏识。当时"三桓"当政，世道混乱，孔子的治国理想难以实现，于是他就把自己所有的精力都花在教书育人上，还研究、整理《诗》《书》《礼》《乐》等经典著作，日子过得也算充实。直到有一天，孔子平静的生活被搅乱了——他的桌子上出现了一头肥美的蒸猪，弟子们告诉孔子，这蒸猪是阳虎送的。

阳虎就是我们之前提到的那个犯上作乱的野心家，他是鲁国季孙氏的家臣，后来他的野心和权力越来越大，想要把整个鲁国都归于自己的管控之下，有识之士都敢怒不敢言。

阳虎见孔子办学的规模不断扩大，名声也越来越响，便打算让孔子为自己做事，孔子却唯恐避之不及。

于是阳虎心生一计，他趁孔子不在家时，派人偷偷送去一只蒸熟的小猪。按照当时的礼法，凡是大夫有礼物赠给士人，士人不能在家里接受，必须亲自赶到大夫门下拜谢。

这下就回到了故事的开头，孔子盯着桌上的蒸猪发愁了。这下怎么办呢？经过深思熟虑，孔子终于想到了一条对策。既然阳虎是趁他不在家时派人送来了礼物，那他就趁阳虎不在家时登门道谢。

于是孔子便派弟子去探察阳虎的行踪，选择在阳虎不在家的时候动身。本来一切都按照计划进行得很顺利，不料他与阳虎竟在途中相遇了。

阳虎居高临下地对孔子说："过来，孔丘，有些事情我想听听你是怎么想的。"孔子无可奈何，只能

慢慢走到阳虎面前，听他讲话。

阳虎说："假如一个人很有本领，却把自己的本领藏起来，眼看着国家处于混乱之中，这种置身事外的做法，可以称得上仁吗？"

虽然阳虎本身做的事对国家没有一点好处，但这句话确实挑不出毛病，孔子也就没反驳，只是淡淡地回答："称不上。"

阳虎觉得机会来了，紧接着说："那么，假如一个人胸怀济世救民的大志，希望为国效劳，却一再错失良机，可以称得上智吗？"

孔子又答："称不上。"

阳虎更得意了，他一边小心地观察着孔子，一边感叹："时光匆匆流逝，是不会等人的！"阳虎这句话其实就是在敲打孔子，他认为像孔子这样有才德的人，是忍受不了怀才不遇的寂寞的，但凡内心有一点不坚定，经过自己这三番劝说，也会动心的。

阳虎说完，热切地等着孔子回答。

但孔子只是冷淡地点点头说："好吧，那我就去做官了。"

答完，孔子马上恭敬地向阳虎拱手行礼，然后静静地走开了，留下阳虎一人待在那里，目送他的背影。

孔子是真的臣服了吗？我们再仔细品品他说的最后一句话。孔子有说是去阳虎那里当官吗？

当然，孔子最后做了官，但那是在阳虎被赶出鲁

国之后了。这个故事也被载入了《论语·阳货》，留
与我们后人品评。

读一读，想一想

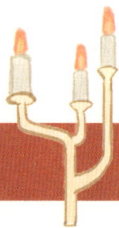

　　同学们有没有想过，孔子为什么不肯去阳虎那里做官呢？
这是因为阳虎以下犯上，德不配位。孔子说过"见贤思齐"，
意思就是要去结交德才兼备的人，向他们学习，自己也努力成
为有才德的人。至于小人，当然是要远离了！

　　孔子对小人的态度，一直都是"以直报怨"。"以直报怨"
并不是"以暴易暴"，小人要比君子难缠，所以对付这样的人，
也不要意气用事哟。

承认自己的不足

子羔不适合当官

子曰："由！诲女知之乎！知之为知之，不知为不知，是知也。"

——《论语·为政》

■ 同学们知道这句话是孔子对谁说的吗？他就是孔子的学生仲由。仲由就是我们之前提到的子路，在古代，平辈之间，为表示对对方的尊敬，一般是称呼对方的字。但孔子是老师，老师叫学生是可以直呼其名的。孔子说的是："仲由，老师教你的东西都知道了吗？知道

就是知道，不知道就是不知道，这才是有智慧。"那么，孔子为什么要特别对子路说这句话呢？ ■

故事要从子路的师弟，孔子的另一个弟子子羔说起。

有一次，子路安排子羔去一个叫费邑的地方做长官，但孔子反对，他认为子羔学习的知识还不足以让他胜任这个职位。于是，孔子对子路说："你这是害了他。"子路不服气，说："那地方有老百姓，有土神和谷神，他就不能边做边学吗？难道只有读书才叫学习吗？"孔子说："听到你说的话，就知道我为什么讨厌用花言巧语狡辩的人了。"

同学们是不是觉得，其实子路说的也有道理，边做边学不是很正常吗？可是孔子为什么觉得子路是在巧言狡辩呢？

我们得先了解一下当时的历史背景。前文提到过，孔子很反感"三桓"在鲁国专权。于是"三桓"之一的季孙氏就打算邀请孔子的弟子来为自己谋事，孔子最不听话的学生子路就在季孙氏当差。季孙氏还曾请孔子的另一个弟子闵（mǐn）子骞（qiān）担任费邑的长官，闵子骞为人正直，又不失圆滑，于是委婉地拒绝了这个请求。闵子骞对来访的人说："请帮我好好辞掉这份差事吧，如果有人再为此事找我，我必定逃到汶水北面（汶水就是今天山东的大汶河，汶水北面暗指齐国）去。"

于是，子路又替季孙氏物色了经验不足的师弟子羔担任费邑长官，子羔虽然也是正直之人，但性格之

中更多的是愚笨、耿直，在处理事情时不够灵活，恐怕会惹出祸端。而且和恶人一起共事，还能保持自己的原则，恐怕圣人也很难做到。孔子认为子羔学业未成，在这种情况下，子路把他推荐给季孙氏实在是不妥当。

另外，做官和学习是两码事。学习的时候作业做错了，大不了重做。但做一个地方的长官，要管理很多人口，一个决策做错了，影响的可能就是成千上万人，这可不是一句"对不起"就能解决的。

如果专业知识不过硬，把当官当成练手，那就是对老百姓和国家不负责任。子路把没有经验的子羔推荐去做官，这也是对子羔不负责任。所以孔子才生气，

觉得子路不懂装懂，一直提醒他"知之为知之，不知为不知"。

读一读，想一想

　　"知之为知之，不知为不知"的道理放在今天也成立。在学习上，会了就是会了，不会就是不会，千万不能一知半解。学习的道路还很漫长，我们会投入无限的精力去探索和认知新鲜事物，这就需要我们时刻保持谦逊的态度。我们如果懂点皮毛就沾沾自喜，就很可能原地踏步。只有认识到自己的不足，不断地将理论和实践相结合，学以致用，才能更好地适应不同的环境。而且，你学得越多，就越会发现自己掌握的知识有限，从而催生出新的动力去学习更多的知识，形成一个良性循环。所谓"学无止境"不就是如此吗？

尊严有多重要？

子路之死

子曰："衣敝缊（yùn）袍，与衣狐貉者立，而不耻者，其由也与？'不忮不求，何用不臧？'"

——《论语·子罕》

■ 我们在上一课中讲了孔子对子路的批评，孔子教育他"知之为知之，不知为不知"，但其实孔子心里还是很看重这个学生的。子路在孔子的一众弟子里算是比较特别的一个，"二十四孝"系列故事中有个故事就是关于他的。■

子路小的时候家里很穷，经常吃野菜充饥。有一次，年老的父母想吃米饭，可是家里一点米也没有，子路为了满足父母的心愿，从百里之外背米回来侍奉双亲，看到父母吃上了香喷喷的米饭，子路也忘记了疲劳。这个故事在"二十四孝"里被称为"为亲负米"。

从这个故事可以看出，子路是一个既孝顺又能吃苦的孩子。其实，子路不仅孝敬父母，对他的老师孔子也十分尊敬。

在拜孔子为师之前，子路因为出身低微，也没受过什么好的教育，经常在街头闲混。他很瞧不起孔子的学说，曾经多次公然挑衅、羞辱孔子，不过孔子倒是不以为意，在子路平静的时候，他就

和子路探讨学习的意义，循循善诱，终于让子路心悦诚服，拜在他的门下。

子路来了之后，孔子就"恶言不闻于耳"了，因为子路对孔子的尊严是相当维护的，谁敢对孔子口出恶言，他一定会好好教训对方。孔子一直说子路鲁莽，对他的正直却很认可。孔子曾说过："片言可以折狱者，其由也与！"这句话的意思是，子路人很纯朴，刚正不阿，若是与他人有纠纷，官员只听子路一人的供词便可以断案。不过孔子也担心子路会因性格吃亏，他还说过："若由也，不得其死然。"这句话的意思是，像子路这样的人，恐怕会不得善终。

孔子果然一语成谶（chèn），在孔子七十一岁那年，子路死在了乱刀之下。

孔子在周游列国的时候，他的学生也一直跟随着，子路就曾在卫国一个叫孔悝的大夫门下当差。卫国发生了内乱，孔悝被迫与被驱逐的太子蒯（kuǎi）聩（kuì）结盟，犯上作乱。当时子路并不在国都，但是他得到消息后匆匆赶回了卫国，到城门口就遇上了正要逃离卫国的子羔。子羔当时也在卫国当官，他一看到子路就说："你还回来干什么？城门都关了，国君也跑了，赶紧逃哇！"子路说："我拿了人家的俸禄，怎么能在危难的时候逃跑呢！"正好这时候有使者要进城，子路便趁机冲了进去。子羔没有办法，只能自己逃跑了。

当时，城内一片混乱，但子路还是能依稀看见蒯聩和孔悝登上了高台。于是子路赶紧跑到台上，对蒯聩说："大王为什么还要任用孔悝呢？请大王让我杀了他。"蒯聩不听，子路便想要放火烧了台子。蒯聩很害怕，就让手下去进攻子路，子路受了伤，冠缨也被他们砍断了。缨是古代人固定冠的带子，冠缨断了，冠就戴不住了。子路深受孔子教诲，大喊："君子死而冠不免。"接着，他强忍剧痛扶正帽子，整理好衣服，端端正正地站着，英勇就义了。

孔子听到这个消息，伤心不已，号啕大哭："唉，仲由死了！"不久之后，孔子也与世长辞了。

有的学生可能不理解子路的做法。在周代，男子二十岁成年，成年礼当天，男子的头发要束起来盘在头顶，再用发簪固定，这就叫"束发"。不仅如此，男子在束发之后还要加冠，只有那些有身份的人才能戴冠，平民只能戴头巾。所以，子路捍卫的不是一顶冠，而是他的尊严。

读一读，想一想

在当代社会，很多人可能无法理解为了尊严而舍弃生命的举动，但我们要知道的是，尊严也是需要维护的。我们有发表观点的权利，但也要对自己说的话、做的事负责任。别人愿意听你说的话，对你特别重视的时候，就是你得到别人尊重的时候。

语言的力量

外交家子贡

叔孙武叔毁仲尼。子贡曰："无以为也！仲尼不可毁也。他人之贤者，丘陵也，犹可逾也。仲尼，日月也，无得而逾焉。人虽欲自绝，其何伤于日月乎？多见其不知量也。"

——《论语·子张》

■ 大家是不是很羡慕那些口才特别好的人？语言是我们与他人沟通的桥梁，学会如何运用语言，会让我们终身受益。孔子曾经对他的弟子子贡说："先行其言而后从之。"这句话的意思是先做了你要说的事，然后再说出来。为什么孔子唯独对子贡说这句话呢？来看看下面这个故事吧。

　　子贡，复姓端木，名赐，"子贡"是他的字。他和子路、颜回一样，都是孔子十分重要的弟子。他能说会道，还善于经商，是孔子弟子中的首富。据说他是一个靠一张嘴就改变了五个国家命运的神奇人物。

　　话说这一年，齐国的田常想讨伐鲁国，田氏在齐国的势力很大，有取齐王而代之的野心。孔子听说之后十分着急，因为鲁国毕竟是他的祖国。孔子的弟子们都想去劝服田常不要攻打鲁国，孔子环视一周，最后选择了子贡。

　　于是子贡赶去齐国，拜见了田常。一见面，他就跟田常说："大人，您攻打鲁国这件事做得不对呀。

鲁国这个国家，城墙又薄又矮，护城河又窄又浅，国君愚昧不仁，大臣虚伪无能，将士和百姓都不喜欢打仗，这样的国家，您去打他干什么？您应该去攻打吴国。吴国的城墙又高又厚，护城河又宽又深，将士们的盔甲既先进又坚固，军队英勇善战，还有优秀的指挥官，很容易打。"

田常说："不对呀，你是不是说反了？鲁国弱小，不才好打吗？吴国正处于鼎盛之时，是块硬骨头，哪里好打？"

子贡说："您攻打身边的弱国鲁国，国内的敌对

势力肯定在后方发难，到时候您的处境就不妙了。如果您和吴国打，他们就会认为您不自量力，等着看好戏，或许还会把自己的兵马交给您。这样，齐国的军队在外面作战，国内空虚，您的政敌不会针对您，百姓不会说您的不好，您不就有机会孤立齐王，大权在握了吗？"

田常恍然大悟："对呀，还是你高明。可是，我已经做出了攻打鲁国的决定，现在又要转头去攻打吴国。如此一来，我的那些政敌起疑心怎么办？"子贡说："您放心，这个交给我吧。"

于是子贡又风风火火地跑到吴国。见到吴王夫差后，子贡说："我听说施行王道的国家不能让其他国家覆灭，施行霸道的国家不能允许其他的强国出现。现在齐国实力强大，又要去攻打弱小的鲁国，如果齐国胜利，那势必会影响吴国霸主的位置。"夫差听完，眉头微微一皱。子贡接着说道："吴国阻止齐国攻打鲁国，既能遏制齐国的扩张，又可以镇服强大的晋国。这样的好事，您不考虑一下吗？"

吴王夫差听得心里直痒，他思考了一会儿，说："我正有此意，但在这之前，我得先灭掉越国。我听说勾践天天厉兵秣马，等着报仇呢。我去打齐国，勾践趁机带兵攻打我们吴国怎么办？"

子贡说："您放心，我会说服勾践和您一起攻打齐国。"

夫差赶紧说："那就有劳先生了。"

于是子贡又来到了越国。见到越王勾践后，子贡说："我知道大王您一心想灭吴国，现在机会来了。吴国现在要讨伐齐国，您不如支援吴国，齐国兵强马壮，吴国肯定不是齐国的对手，等吴国战败，您就趁机给他一击，一定可以一雪前耻！"

勾践说："那要是吴国打赢齐国了呢？我岂不是得不到好处？"

子贡又说："那也不用担心，如果吴国打赢了齐国，以夫差的性格，肯定会乘胜追击，再去攻打晋国。我等下就去拜见晋君，让他一起攻打吴国。这样吴国的精兵都在齐国，主力又被晋国重重围困，大王再趁吴兵疲惫不堪的时候发起进攻，必能灭吴。"

勾践一听十分高兴，厚赏了子贡。子贡没有接受，马不停蹄地赶到了晋国。他对晋王说："我得到可靠的消息，吴国打败齐国后，一定会打晋国的主意，你们是中原的大国，可不能掉以轻心哪。"于是，晋国就严阵以待，时刻防范吴国。

果然，吴国打败了齐国之后真的去攻打晋国了，而晋国早已做好了充分的准备，大败吴国。勾践闻风而动，带领军队偷袭吴国，杀死了吴王夫差和他的宰相。

司马迁在《史记》中评论这件事，说："故子贡一出，存鲁，乱齐，破吴，强晋而霸越。"子贡一出马，天下的局势都发生了极大的变化。

虽然子贡很能干，可孔子对这个学生似乎很严厉。他知道子贡的口才了得，就反复教导他要留心自己的言语，说话做事要负责，这就是我们开头说的"先行其言而后从之"。孔子还特别敲打过子贡："赐也贤乎哉！夫我则不暇。"那意思是，希望子贡能够宽以待人，学会自省，不要因为自己辩才出众就看不起别人。

读一读，想一想

语言的力量其实超乎我们的想象。语言是优美的，有时也是有攻击性的，这就要看我们如何运用它。要让语言有力量，我们就要做到"言必信，行必果"，说话算数，做事有始有终。多夸赞别人的优点，对不道德的事多仗义执言，正确施展语言的功用，这样我们才能真正掌握语言的力量。

劳逸结合

孔子观蜡（zhà）论俗

子曰："志于道，据于德，依于仁，游于艺。"

——《论语·述而》

■　我们常常说有压力才有动力，但压力太大，反而会适得其反。孔子就曾说过："一张一弛，文武之道。"这句话的意思是治理国家也要宽严结合，让人民有逸有劳，劳逸结合，才能使工作和生活更有序地进行。■

有一次，大街上正在举办大型祭祀活动，这个活动被称为"蜡祭"。在古代，蜡祭于每年的十二月举行，是用于祭祀万物之神、欢庆丰收的。子贡跑去参观，回来之后孔子问他："赐，街上的人们都开心吗？"子贡说："人们都像疯了一样，我不知道他们为什么这样高兴！"

听了子贡的回答，孔子知道他并没有真正理解蜡祭的意义，就对他说："百姓辛苦一年了，举行这样的祭祀仪式，可以狂饮，甚至喝得酩（mǐng）酊（dǐng）大醉，这实际上是对他们一年辛苦劳动的回报。同时，通过蜡祭这种活动，大家也能够放松一下，这样便于以后更好地生产，所以这个活动很有意义。"

接下来，孔子又讲了如何使用民力的问题。他说："治理国家就好比拉弓，弓如果一直张着，慢慢就会没有力道了。同样，百姓如果一直劳苦而得不到休息，民力就很难恢复，这样是没有好处的，就是让最英明

的国君周文王、周武王来领导，国家也不可能兴盛。

反过来看，弓如果一直摆着而不张开，就不能发挥应有的作用，百姓如果一直休息而不去辛勤劳作，就会变得懒惰。这种情况下，周文王和周武王也治理不好国家。所以让百姓劳逸结合，张弛有度，就是周文王和周武王治理国家的好办法。"

治国需要一张一弛，我们日常的学习和生活也需要劳逸结合。大家知道吗，古人也是有假期的！先秦时期的休假主要与祭祀活动有关，不过当时的休假制度还未完善，《穆天子传》中就有周穆王因天气寒冷，特许官员休假的记载。

秦朝的休假制度现在难以考证，但可以确定的是官吏可以请假回家，这种行为被称为"告归"。

到了汉代，正式的休假制度出现了。官员五天一休，这种休假制度叫"休沐"。官员们在官署里工作了四天，第五天就可以休息一天，回家洗澡更衣。除了常规休息，国家每逢重要的节日，也是会给官员放假的。假期里，大家可以打扫卫生、走亲访友、游山玩水，这样的休假制度一直延续到隋唐。

到了唐朝，由于国事繁忙，朝廷改"五日休沐"为"十日休沐"，这也被称为"旬休"。很多官员，即使在休息日也要处理公务，十分辛苦。到了唐高宗永徽三年（652年），官员们才获得了假日不再处理公务的许可。

宋代假期在唐代的基础上有所增加。据史学研究者介绍，宋代是中国历史上传统节日最多的朝代，不但开创了"天祺（qí）节"这样的新节日，而且逢节必休，每年假期合计有一百二十多天。

这么看来，古人的假期不比我们的假期少呢！其实放假是为了让我们休整一段时间，这样就能让我们更好地投入下一个阶段的学习和生活中。

读一读，想一想

　　有的同学学习很刻苦，休息时间还在拼命学习，虽然他们的精神很值得我们赞扬，但是学习应该劳逸结合。毕竟，一个人的学习生涯是很漫长的，如果神经太紧绷，疲劳过度，反而会影响后续的学习效果。就像我们每节课之间都有十分钟的休息时间，一方面是让同学们的大脑得到放松，另一方面也可以让我们的双眼好好休息一下，所以下课时间大家应该到室外走一走，呼吸一下新鲜空气，以便更好地迎接下一节课。

榜样的力量

子贡赎人

子曰："见贤思齐焉，见不贤而内自省也。"
——《论语·里仁》

■ 雷锋是一名热心助人、无私奉献、全心全意为人民服务的解放军战士，他一生做好事无数，也留下了很多值得传颂的故事。同学们也许会有疑问，既然人们称赞雷锋做好事从不留名，那为什么还要宣扬雷锋的事迹呢？到底做了好事要不要"留名"呢？ ■

　　有一种力量，叫作榜样的力量。如果你知道有人做了别人做不到的好事，内心会不会有所触动呢？孔子就曾说过"见贤思齐焉，见不贤而内自省也"。这句话的意思是见到有德行的人，就要向他学习；见到没有德行的人，就要反省自己是否有和他一样的行为。孔子的弟子子贡身上就发生过这样一件事。

　　春秋时期，鲁国有一条法律：鲁国人如果在他国看见本国人沦为奴隶，可以先自己垫钱把人赎回来，帮助他们恢复自由，等回到鲁国后就可以向政府报销等额的赎金。这条法律执行了很多年，很多流落他乡的鲁国人因此得以重返故国。

　　有一次子贡在其他诸侯国赎回鲁国人，但是他回到鲁国后，没有领取政府的补

偿金。我们都知道子贡的生意做得很大，也很有钱，所以他不需要这笔钱，情愿无偿帮国家解决营救奴隶的问题。于是一时间大家都对子贡大加赞扬，称其高风亮节。

孔子知道后，大骂了子贡一顿，说子贡此举不合礼法，祸害了无数落难的鲁国同胞。

为什么子贡做了好事，还要被孔子数落呢？

原来，孔子认为这世上的事情，要么出于道义，要么出于利益。鲁国制定这条法律，是希望大家出于道义，在异乡见到落难的同胞能生出恻隐之心。只要不怕麻烦去赎同胞，把同胞带回国，就是做了一件大善事，而且事后还会得到国家的补偿，这样做了好事又不会遭受损失，还能得到大家的赞扬，何乐而不为呢？长此以往，愿意做好事的人就会越来越多。

但子贡做了好事不求回报，一下子就把做好事的标准提高了。大多数人没有子贡这么雄厚的财力，一般都会向国家讨要赎金。这样，做了好事的人不但得不到国人的赞扬，还会被国人嘲笑，责问他们为什么不能像子贡一样无私。所以，虽然子贡这样做是善意的，但从另一个角度看，他令好多人都不敢做好事了。

　　与"子贡赎人"这件事形成鲜明对比的，就是"子路受牛"的故事。故事说的是孔子的另一个弟子子路救了一名落水者，那人为了表示感谢，送了子路一头牛，子路收下了。孔子听了十分高兴，说："这下鲁国人一定会勇于救落水者了。"

　　回到开头我们提到的雷锋，他做了很多好事，不留名，不求回报，但被他帮助过的人和看到他助人为乐的人记住了他，向人们宣传他的事迹，因此我们也知道了历史上有

雷锋这样一位"可爱"的人，并向他学习。有了雷锋这样的榜样，就会有更多的人去做更多的好事。

读一读，想一想

做了好事不留名、不求回报当然好，这说明你是一个品德非常高尚的人，但是这不代表做了好事留名或者收下酬谢的人品德就是不高尚的。做好事的行为受到嘉奖时，你当然可以泰然接受奖励，不必觉得羞耻，因为这样会有更多的人效仿你去做好事，这就是榜样的力量。

就像我们每年都会评选"感动中国"人物一样，那些为社会做出贡献，做了善事的人都会受到嘉奖，但这些奖励并不影响他们成为人们的榜样，因为他们并不是为了得到表扬和奖励才去做好事的，而是发自内心地想要这么做。

知足常乐

安贫乐道的颜回

子曰："贤哉，回也！一箪食，一瓢饮，在陋巷，人不堪其忧，回也不改其乐。贤哉，回也！"

——《论语·雍（yōng）也》

在《论语》里，孔子称赞了一名弟子很多次，其中有几句是这样说的："贤哉，回也！一箪（dān）食，一瓢饮，在陋巷，人不堪其忧，回也不改其乐。贤哉，回也！"其中，"回"就是孔子最欣赏的弟子颜回。颜回用竹器盛饭吃，用木瓢舀水喝，住在陋室，别人忍受不了这样的困苦，颜回却依旧快乐。孔子为什么给颜回这么高的评价呢？

颜回的家里很贫穷，与子路小时候的家境差不多。颜回的父亲叫颜路，也是孔子的弟子。颜路祖上是鲁国的大族，但是颜氏到他这一辈已经没落了，他没当过大官，也没发过财，全家都住在小街小巷。颜回拜在孔子门下的时候年纪还很小，有不少学生已经在社会上出人头地，孔子也声望日高。颜回的性格内向，不爱说话，连擅长因材施教的孔子都发出感慨："吾与回言终日，不违，如愚。"这句话的意思是说，孔子整天都在给颜回讲课，颜回不提出疑问，也不反驳，像是一个笨孩子。

同学们，你们思考一下，颜回真的愚笨吗？

孔子通过私下考察发现，颜回不但不笨，而且领悟能力很强，不仅听懂了孔子讲的内容，还能把孔子教的知识灵活运用，只是颜回听课的态度太恭敬了，让孔子误以为他没有听懂。

有一次，子路和颜回随侍在孔子身边，孔子就问他俩的志向是什么。子路说："我希望拿出自己的车马、衣服，同我的朋友们共同使用，即使用坏了我也不抱怨。"颜回说："我希望能做到不夸耀自己的长处，不宣扬自己的功劳。"子路又问孔子："老师，您的志向是什么？"孔子回答："我的志向是希望我能使

老年人安度晚年，朋友信任自己，年轻的人怀念自己。"

由此可见，颜回只是看起来愚笨，他这样的表现只是因为他在保持低调，不喜欢出风头。不知道大家有没有发现，颜回其实有点像孔子，喜欢思考，热爱学习。但颜回又不同于孔子，孔子一生有很多想做的事，想教学生，宣传自己的理念，找到一位明君并帮其治理好国家，让更多的人认可他……

孔子有很多弟子都走向了仕途，在各地当官，受到重用；也有一些弟子经商，赚了很多钱。但颜回很特别，他一直跟在孔子身边，一生都没有求取一官半职，也没做过生意。颜回的世界很简单：追随老师，认真读书，好好做人。所以孔子喜欢颜回，可能一定程度上也是因为颜回做到了他做不到的事。孔子半生奔波，抱负难以实现，但颜回全无野心，活得快快乐乐，这在孔子看来就是一种大智慧了。

可惜颜回因为身体不好，二十九岁就白了头，没过几年就英年早逝了。颜回死后，孔子十分伤心，连声呼喊："老天这是要我的命啊！"

其实颜回这短暂的一生，精神世界是富足的。就像孔子说的，虽然他住得很简陋，吃喝很随意，但一直"不改其乐"，这证明颜回并没有被贫困的生活影响。颜回的快乐在于不断提升道德修养和丰富学识，也在于内心的平静和知足。

读一读，想一想

孔子说："贫而乐，富而好礼。"这句话引申出我们今天常用的一个成语，叫"安贫乐道"，能在贫穷中找到快乐，而不因为贫穷而自卑，这就是一种人生智慧。孔子和颜回都用自己的言行告诉我们，哪怕处于逆境，也要保持积极平和的心态，不要因为环境降低自己的人格。

先了解别人再下判断

颜回没有偷吃

> 子曰："众恶之，必察焉；众好之，必察焉。"
>
> ——《论语·卫灵公》

■ 很多时候，人们总是凭经验或者主观印象处理问题。比如，在班级里可能会有几个同学不受欢迎，有人不喜欢他们，甚至欺负他们，大家不清楚具体原因，也跟着疏远这些同学。其实没有全面客观地了解事实就下判断，是最不尊重别人的表现。

"众恶之，必察焉；众好之，必察焉。"这句话的意思是，大家都讨厌一个人，一定要考察一下；大家都喜欢一个人，也一定要考察一下。所以我们一定要深入考察后再决定是否与一个人交朋友。◼

孔子周游列国的时候，曾在蔡国连续居住了三年。有一次，吴国对蔡国的邻国陈国发起战争，陈、蔡南面的楚国出兵营救陈国。这时，楚国的国君楚昭王得知孔子在蔡国和陈国之间，便立刻向孔子发出从政的邀请。陈国和蔡国的大夫听说了这件事，心里害怕起来，他们一方面因为自己国家的施政主张与孔子不符，不能用他，另一方面又担心强大的楚国聘用了孔子，对自己不利，于是就把孔子困在了陈、蔡的交界地。

孔子和他的弟子们因为被困，没有办法与外界联系，断粮整整七天。孔子的弟子们一个个饿得面黄肌瘦，站都站不起来了。

这时，子贡就用自己身上仅剩的一点财物突破重围，到外面换了一点米回来，给大家充饥。人多米少，子路和颜回便找了一口大锅，支在一间土屋里，开始为大家煮粥。

子路有事离开了一会儿，这时子贡经过，正好看见颜回舀了一小勺粥往嘴里送。子贡有点不高兴，但是没有上前质问颜回，而是去了孔子的房间。

子贡见到孔子，先是行了个礼，然后问道："老师，您说仁德清廉的名士，会因为困窘就改变自己的节操吗？"孔子有点纳闷，回答说："如果因为困窘就改变了节操，那还能算仁德清廉的名士吗？"

子贡又接着问孔子："那像颜回这样的人，会改变节操吗？"这回，孔子很笃定地回答他："当

然不会。"于是，子贡就把自己方才所见的一幕告诉了孔子。

孔子听完，说："我相信颜回的人品，虽然你亲眼看见，但是我觉得不能就这么怀疑他，可能有其他的原因，你先不要说话，等我问问他。"

过了一会儿，颜回来请孔子吃饭。孔子假装不经意地起身说："之前我做梦的时候梦见了祖先，这应该是祖先在保佑我们吧。你快把饭端进来，我要用它祭奠祖先。"在古代，吃过的饭是不能用来祭奠的，否则就是对祖先的不尊重。颜回赶紧说道："使不得！我刚才煮粥的时候，有一小块黑灰掉到锅里，弄脏了粥。我觉得丢掉它太浪费了，就舀起来吃了。毕竟是吃过的粥，再用它

来祭奠祖先就不合适了。"孔子点点头说："如果是我，我也会吃掉的。"

读一读，想一想

同学们，你们会不会因为别人的一句评价，就对一个人或一件事草草地下定论？有些事情，只有深入了解之后，才能发现其背后的真相。

与人相处时，大家往往会被第一印象影响。但是我们需要更多的相处才能了解一个人的内在，交朋友就是这样，一起相处的时间越多，经历的事情越多，你才会越了解对方是什么样的人，不是吗？

任何人都可以是老师

孔子被小孩子难住了

子曰："三人行，必有我师焉。择其善者而从之，其不善者而改之。"

——《论语·述而》

很多史料表明，孔子三十岁左右就兴办了学校，但很少有资料记载他年幼的时候在哪里学习，跟谁学习，仿佛孔子天生就是老师一样。

《论语》里有一句话："三人行，必有我师焉。"这句话的意思是，几个人同行，其中必定有值得我学习和效仿的人。

《三字经》中就有一句"昔仲尼，师项橐（tuó）"，说的是孔子曾经拜一个叫项橐的七岁孩子为师。这个孩子是谁？他有什么过人之处可以让孔子拜他为师？

有一天，孔子坐着马车带领弟子们赶路，路上看到一群小孩正在嬉闹。这群孩子旁边有一个格格不入的小男孩，他正聚精会神地用瓦片垒东西，这引起了孔子的注意。

于是孔子让弟子停下马车，掀开帘子，问道："你为什么不和他们一起玩呢？"小孩放下手中的瓦片，回答："他们玩的那种游戏对自己有什么益处呢？要是玩得太投入，弄破了衣服，还得辛苦父母为自己缝衣；要是因为游戏发生争斗，还会伤害彼此的感情。像这样的游戏，投入了精力却得不到任何好处，还不如不玩。"说完，小男孩便低下头来，垒自己的瓦片。

孔子听着觉得有趣，便又说："那你为什么见了马车也不躲避？你不怕受伤吗？"小男孩反问："如果现在有一座城池和一辆马车，是马车要躲避城池，还是城池要躲避马车？"孔子答道："当然是马车要躲避城池了。"小男孩得意地笑着说："那你看看，

我垒的是什么？"孔子仔细一看，只见这个小男孩不仅垒了房子，房子周围还有城墙。

孔子觉得这孩子着实聪明，于是下了马车，走到小男孩面前，问："孩子，你所居何乡何村？是何名何姓何字呀？"孩子朗声回答："我居住在敝乡贱地（"敝""贱"为谦辞，用于称呼和自己有关的事物），姓项名橐，现在还没有字。"孔子点点头，称赞他说："你虽然年纪小，懂的却不少哇。"

小男孩说："鱼生下来几天就能游泳了，兔子生下来几天就能满地跑了，这都是非常自然的事情，跟年龄大小有什么关系呢？"

　　孔子接着发问："我还有几个问题要考考你。你知道这天下，什么火没有烟？什么水里没有鱼？什么山上没有石头？什么树上没有树枝？什么男人没有妻子？什么女人没有丈夫？什么牛不生犊？什么马不产驹？什么不足？什么有余？什么人有名没有字？"

　　孔子的这串问题涉及天文地理，还涉及家庭伦理，对一个七岁的儿童来说可是有点复杂了。没想到项橐想了想，对答如流："萤火没有烟，井水里没有鱼，土山

上没有石头，枯树没有枝，神仙没有妻子，仙女没有丈夫，泥牛不生犊，木马不产驹，冬天万物凋敝不足，夏天万物繁盛有余，小孩子有名没字。"

孔子听完，暗暗吃惊项橐的聪明，他真的有点欣赏这个孩子了，就对他说："很好，要不你与我同游天下吧！"没想到项橐拒绝了，他说："我家有父母需要奉养，有兄弟需要照应，我哪儿都不去。"孔子又说："我车上有棋，那咱们赌一把吧。"谁知项橐又义正词严地说："我不赌博。天子好赌，天下就不能太平；官吏好赌，就会耽误处理政务；农民好赌，就会错过耕种庄稼的好时机；做学问的好赌，就会忘了诗书礼仪。既然赌博是无聊、无用的事，还赌什么？"孔子听了这些话，由赞赏变成了敬佩，于是他郑重地转身对弟子们说："后生可畏呀！"

从这个故事可以看出，在孔子眼里，人人都可以是老师。他善于向周围一切新鲜事物学习，终身学习就是他的人生动力。

读一读，想一想

　　如今，我们可以接触到的信息比孔子那个时代丰富多了。我们有图书馆，有网络，也有很多知识渊博的师长，还有很多学习刻苦的同学，这些都可以成为我们获得知识的来源。学习不应该只局限于课堂，生活中处处可学习，人人可学习。现在赶紧想一想，在你的身边有没有在某一方面特别厉害的人呢？你也可以拜他为师，虚心请教！

每一个理想都值得被尊重

孔子和学生谈理想

曰："莫春者，春服既成，冠者五六人，童子六七人，浴乎沂，风乎舞雩，咏而归。"夫子喟然叹曰："吾与点也！"

——《论语·先进》

■ 同学们是不是都被问过一个问题——长大以后想做什么？很多同学的回答是医生、科学家、作家、宇航员和老师，当然也有一些同学的理想可能是开玩具店，当农民，或者清洁工。那么这些职业有高低贵贱之分吗？关于长大以后想做什么，有标准答案吗？孔子就曾经跟他的弟子谈过"以后想做什么"的话题。

有一次，孔子和他的四个弟子子路、曾皙、冉有、公西华闲坐着聊天。孔子说："不要因为我是老师，年纪比你们大，你们就感到拘束。我们随便聊聊，畅所欲言。平时你们总抱怨别人不了解自己，找不到好差事，那如果有人愿意聘请你们，你们想做什么呢？"

子路第一个站起来，回答："一个拥有一千辆兵车的国家，夹在大国之间，受到别国军队的侵犯，又遇上荒年，我去治理，三年后就可以让人民变得勇敢，而且懂礼仪，守制度。"

孔子对他轻轻一笑，转头又问冉有："你呢？"

冉有年纪比孔子小近三十岁，特别善于理财。他

说："一个方圆六七十里，或者五六十里的小国，让我去治理，三年后就能让人民都富起来。至于精神文明建设方面，那就得另请高明了。"

孔子又转头问公西华："你的想法呢？"

公西华说："我不敢说能够做到什么，但我愿意边学边做。在宗庙祭祀的时候，或者诸侯会盟的时候，我希望能穿上礼服，戴上礼帽，做个小司仪。"

大家都讲完了，最后孔子问曾皙："你呢？"

　　孔子问曾皙的时候，曾皙正在鼓瑟（瑟是古代的一种弦乐器，演奏这种乐器就叫作鼓瑟）。这时，他的曲子差不多接近尾声，于是"铿"的一声结束了演奏，把瑟放下，站起身说："我的理想和前三位不太一样。"

　　孔子说："没关系，我们就是随便聊聊，大家谈谈各自的志向就好。"

　　曾皙说："我最向往的，就是暮春时节，换上新做的春装，和五六个成年人，六七个少年，一起到野外踏青。要是玩得高兴了，我们就在沂水里洗洗澡，再到祭台上吹吹风，然后一路唱着歌回家。"

　　孔子听完曾皙说的话，长叹一声说："我赞同曾皙！"

　　曾皙很纳闷，最无大志的自

己，为什么会被夸奖？所以在下课后，他就主动留下来问孔子对其他三人的评价。

孔子说："大家都是各言其志而已。"

曾皙又问："那老师为什么要笑子路呢？"

孔子说："治理国家要讲究礼让，可他说的话一点都不谦虚，所以我笑他。"

曾皙接着说："那冉有讲的不是治国之事吗？"

孔子说："当然是呀，哪里见得方圆六七十里，或者五六十里的地方还不算国家的！"

曾皙想了想，说："那公西华讲的不是治国吗？"

孔子说："宗庙祭祀，诸侯会盟，那不是治国是什么？他如果只能做小司仪，那谁能做大司仪呢？"

这个故事到这里就结束了，大家看完是不是有点摸不着头脑？孔子自己不是一心想要协助明君治理天下吗？为什么最后却赞赏看起来没什么大志的曾皙呢？

　　我们先来想一个问题：孔子为什么想要协助明君治理天下？因为当时战乱，社会秩序混乱，人民不能安居乐业，孔子希望通过自己的努力，实现天下大同，让人民过上幸福的生活。而曾皙描述的场景，不就是一幅人民喜乐安康的景象吗？所以他才会长叹一声，表示赞同曾皙。

　　孔子追求世界大同，他希望人人都能过上这样的生活，所以他半生颠沛流离，到处谋事。其实他也可以安心地待在一个小地方，钓鱼、种菜终老，但这不是他的理想。曾皙的目标比孔子小一些，他只希望自己能这样安乐地生活。其实能沐浴在温暖的阳光下，无忧无虑地享受快乐，也是一种幸福。

读一读，想一想

在孔子看来，理想没有高低贵贱的分别。如果追逐理想的过程让你觉得快乐，追逐理想的结果让你觉得满足，那对你来说，这就是一个非常伟大的理想了。

同学们，你们的理想是什么呢？你们已经开始为实现自己的理想而努力了吗？希望这个过程是美好的，你们能享受其中并且早日实现理想。

逆流而上的勇气

孔子迷路了

> 曾子曰："士不可以不弘毅，任重而道远。仁以为己任，不亦重乎？死而后已，不亦远乎？"
>
> ——《论语·泰伯》

■ 孔子和他的弟子们离开叶邑，返回蔡国的时候，被一条河挡住了去路。可是，他们围着这条河绕了很久，就是找不到渡口。

这时，他们看到河边的农田里有两个人正在并排耕地。这两个人一个叫长沮，一个叫桀（jié）溺（nì），

正是隐居在这里的高士。于是，孔子派子路前去向两位隐士请教渡口的位置。这两位隐士会告诉他们吗？■

　　子路沿着岸边，匆匆向二人走来，但二人并没有对此露出惊讶的神情，还是在专心致志地耕地。于是子路恭敬地向他们作揖行礼，问："请问二位，这附近的渡口在哪儿？"长沮首先放下手里的锄头，抬头看了看子路，又望了望远处的一行人，道："那位手执缰绳，驾驶马车的人是谁？"子路回答说："那是我的老师孔丘。"

　　这时，长沮却讥笑道："哦，就是那个鲁国的孔

丘吗？"子路说："是。"于是长沮接着说："那他应该知道渡口在哪里。"长沮的言外之意是，孔子有着明确的政治方向，甚至不惜周游列国来寻找明君，还会因为一条找不到渡口的河迷茫吗？

子路没听懂长沮的话，只觉得眼前这个农夫答非所问，又转头去问桀溺。桀溺停下锄头，问："你是谁？"子路回答："在下姓仲名由。"桀溺思量了一会儿，又问："你是那个鲁国孔丘的弟子？"子路点点头，说："是的。"桀溺仰头看看苍天，长叹一声，说道："现在天下动荡不安，谁能改变这世道？你与其跟着孔子处处躲避恶人，四处奔波，还不如像我们一样，避开这浊世，做个隐士。"说完，桀溺就接着耕地，再也没有抬头看子路了。

子路没有打听到渡口的位置，也听不懂这两位隐士的话，只能垂头丧气地回来，将长沮和桀溺的话转述给孔子。孔子听完之后，脸上流露出失意的神情，此时他已经在好几个国家碰壁，确实是郁郁不得志。

这时，孔子对子路说："人是不能只同鸟兽一起生活的。我不和世人生活在一起，又能去哪里呢？如果天下太平，我也就没有必要和世人一起拯救这乱世了！"

后来有一天，子路和孔子的队伍走散了，路上他遇到一位肩扛锄头的老者。于是，子路问他："请问您看到我的老师了吗？"那位老者没好气地说："看你的样子，肯定没有劳作过，五谷有哪些也分不清楚，谁是你的老师呢？"说完，就把自己手里的拐杖插在地里，手拿锄头开始耕地了。晚上，这位老者杀鸡做饭招待子路，并介绍自己的儿子给子路认识。多亏了这位老者，子路才没有露宿荒野。

　　之后子路将这件事告诉孔子，孔子说："看来这位老者是位隐士呀！"就叫子路回去再见他一面。子路到了那里，老者却不在家。于是，子路说："长幼间的关系是不可能废弃的，君臣间的关系怎么能废弃呢？他想不玷污自身，却忽视了君臣间的大伦。君子出来做官，是为了实行道义，至于我们的政治主张行不通这件事，我们早就知道了。"

　　在这两个故事里，大家可以看到孔子和他弟子们的人生态度。孔子半生颠沛流离，受过大官的欺压，也受过国君的冷落，还要遭到民间隐士们的嘲笑。他的故国鲁国容不下他，他周游的列国也无法让他长住。在这样的境遇下，他仍然坚守原则，努力实现理想，这在我们今天看来，其实就是一种"逆流而上"的精神。

读一读，想一想

　　我们在学习的时候也会遇到重重困难，比如弹钢琴，可能因为作业多，练习的时间不够，弹的时候总是出错，有的时候你甚至会怀疑自己到底行不行；又比如学习舞蹈，拉筋开胯让你疼得龇牙咧嘴，但是每次会演选拔，你总是选不上，这让你感到挫败又无奈。但是当你坚持下来了，回头看看走过的这段艰辛之路，你会不会感谢自己曾经的坚持呢？希望我们都能有这样的勇气，能迎难而上，不负自己的初心。

劝说的智慧

孔子击磬（qing）

子游曰："事君数，斯辱矣。朋友数，斯疏矣。"

——《论语·里仁》

■ 有时候人和人之间的相处太过紧密反而对双方都不好。"事君数，斯辱矣。朋友数，斯疏矣。"这两句话的意思是，进谏君主过于频繁，就会遭受侮辱；劝告朋友过于频繁，就会被疏远。这是孔子的弟子子游说的，我们可以将其看作子游自己的经验总结，不过这也有可能是子游从自己的老师孔子身上学到的。■

　　孔子离开鲁国后，曾去过卫国。当时卫国的国君对他不了解，听信了小人的谗言，还派人监视他，最后孔子待不下去了，只能离开卫国。后来机缘巧合下，孔子又一次来到卫国。卫灵公已经后悔当初被小人蛊惑，听说孔子回来了，非常高兴，为表尊重，他亲自到郊外迎接孔子。

　　这次，孔子在卫国待了很长时间。不过这段时间，孔子过得并不如意。因为此时卫灵公老了，怠于政事，而且他对孔子只是表面上很尊重，并不是真心待孔子。

　　后来有一天，卫灵公又向孔子请教，问孔子要不要攻打蒲邑（原卫国的领地，后被公叔戍带兵占领），孔子说可以打。卫灵公怕其他大臣不赞成，又担心卫国去攻打蒲邑劳而无功。（蒲邑位于卫国西南部，如果晋楚两个大国决定向东部扩张，蒲邑还可以为卫国争取一点时间。）孔子就劝卫灵公，说："公叔氏想要用蒲邑满足他国的欲望，蒲邑的男人宁死都不想跟随他，蒲邑的女人发誓不离开西河故土。这样看来，我们要讨伐的是带头那几个作恶的人，并不是整个蒲邑。"于是卫灵公答应出兵，但话说完后，卫灵公就把这件事搁置了，并没有去执行。

孔子这下明白了，卫灵公并不打算好好治理国家，也不看重自己。

在这之后的一天，孔子在自己家里击磬（一种玉或石做成的打击乐器），这时候一个背着草筐的老人路过门口，听到磬声感叹道："纷争的乱世里，还有人在击磬，听这声音是个有心人哪！"

听了一会儿，老人又说："但这个人太固执了，磬的声音又响又急，看来他是唯恐别人不知道自己呀！"这位说话的老者大概也是一位归隐的高人，几句话让孔子陷入了沉思。但此时他还是有点执念，想要在卫国实现自己的政治理想。

之后，卫灵公想要攻打陈国，他又来向孔子请教行兵打仗的方法。孔子看他如此急功近利，于是说："操持祭祀、置办礼器之事，我倒曾听说过，但带兵打仗的事我没学过。"卫灵公知道孔子是在敷衍他，很不高兴。等孔子再跟卫灵公说话的时候，卫灵公连看都不看他，只是仰着头看天空中的大雁。孔子终于明白自己已经无法在卫国实现自己的政治理想。后来卫灵公死了，卫国的内斗愈演愈烈，于是孔子就毅然决然地离开了卫国。

读一读，想一想

通过孔子在卫国这几年的遭遇，我们可以体会到他一次次劝说卫灵公，但一次次无果的无奈。其实所谓劝说，只是劝，劝的结果有时候未必能达到我们的预期。如果我们已经尽到朋友的义务，该说的都说了，那么就不要勉强对方一定要听从我们的建议，毕竟人生的选择在自己，我们不能替别人做决定。有时候你滔滔不绝讲一堆，自以为是为对方好，对方反而讨厌你。与朋友相处，不妨豁达一点，劝说点到即止。保持一定的距离，也是一种礼貌。

好学生的标准

孔子对学生的评价

子夏曰："日知其所亡，月无忘其所能，可谓好学也已矣。"

——《论语·子张》

　　每个学期末，老师都会对每个同学做一个学期点评，里面会涉及同学们这一学期在学习上的表现，每个同学的评语都是不一样的。那么好学生的标准是怎样的呢？成绩好的学生就是好学生吗？早在两千多年前，孔子就解答过这个问题。

　　子夏，姓卜名商，是孔子后期学生中比较著名的一位，也是"孔门十哲"之一。有一天，他想知道孔子对自己的师兄弟们都有怎样的评价，就问孔子："老师，您觉得颜回的为人怎样？"孔子沉思了一会儿，回答子夏说："颜回比我更有仁爱之心。"

　　"那子贡呢？"子夏接着问。

　　"他呀，他辩论的才能超过我。"孔子笑着说。毕竟子贡是凭借三寸不烂之舌搅得几个国家天翻地覆的人呢。

　　"那子路呢？"子夏又接着问。

　　孔子想到天不怕地不怕的子路，开心地笑着说："要谈起英勇，我们谁都不如他。"

"那子张呢？子张难道也有比老师厉害的地方？"子夏满腹狐疑。子张，复姓颛（zhuān）孙，名师，也是孔子后来收的弟子，年纪比子夏还要小，他在孔子去世后发扬了孔子的学说，成立了自己的儒学。

孔子说："子张为人庄重严谨，在这方面，我比不上他。"

子夏不解，站起身打躬作揖，道："老师，那既然他们都有超过老师的地方，为什么还要向您拜师学习呢？"

孔子笑呵呵地示意子夏坐下，然后和蔼地对他说："颜回虽然仁慈，却不会变通。子贡虽然有辩论的才能，却不懂得保持沉默。子路这个人是很勇猛，却不懂得能屈能伸的道理。而子张为人太严肃拘谨，不能亲切地对待周围的人，也不能容纳有丝毫污点的人，这样就会让人望而生畏，敬而远之。所以，他能庄严，却少了圆润。"

子夏点点头，认为孔子说得很有道理。但他想："老师的过人之处又在什么地方呢？"

孔子看到子夏的神情，便说："我对万物怀有仁爱之心，同时也有自己的原则；能与他人辩论，也懂得在适当的时候保持沉默；遇到大事能不畏生死，但也知道凡事不能只依靠武力解决；为人庄重而不刻板，随和而易于接触。"

最后，孔子说："就算把他们四个人的长处合在一起同我交换，我也是不愿意的。这也是他们要一心跟从我学习的原因。"

子张

颜回

子贡

子路

　　同学们听明白孔子的点评了吗？颜回是好学生，他学习认真，非常善良，却缺乏自己的原则和底线；子贡是好学生，他口才很好，放到今天就是一个很出色的外交官和演说家，但是言多必失，他说得多也容易错得多；子路是好学生，他体育很棒，也很讲义气，但是他很冲动，动不动就挥拳头，一不小心就会害人害己；子张是好学生，但是他太严肃，这样的同学在班里朋友很少，因为大家都怕他，不敢与他交往。

　　孔子曾经对子夏说："你要做有修养的儒者，不要做没有修养的儒者。"孔子希望子夏能成为一个除了掌握专业技艺，还有理想，有修养，有仁者心怀，懂得做人道理的学者，不希望他把儒者当作一种职业，失去了理想和修养，变成一个只是为人做事，像奴仆一样的学者。

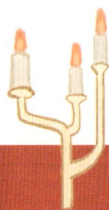

读一读，想一想

　　其实概括来说，成绩好当然是好学生的评价标准之一，但是一个学生的品德、性情、胸怀等也是重要的参考因素。所以，我们在经过综合测评后，才能判断出一个学生到底是不是好学生。

快乐的竞争

君子之争

子曰："君子无所争。必也射乎！揖让而升，下而饮。其争也君子。"

——《论语·八佾（yì）》

■ 很多同学都参加过运动会，在运动赛场上取得好成绩是不是很开心？比如参加跑步比赛时，选手们处在一个相对公平公正的环境里，在同一条起跑线听同一个号令，几乎所有人都想着怎么才能跑得再快一点，而不是一直想方设法绊倒对手。这样的比赛，选手们

最终取得的成绩就是自己的真实成绩，取得好名次当然是值得骄傲的。▪

　　"君子无所争。必也射乎！揖让而升，下而饮。其争也君子。"这句话的意思是，君子没有什么可争的事情，如果有，一定是比射箭了！参加射箭比赛时，弓箭手们先互相作揖，谦让上台，射完箭之后走下台来，也要互相敬酒。这才是君子之争。

　　在古代，射箭不仅仅是一项竞技活动，也是一项讲究礼仪的社交活动。像孔子说的，射箭前大家要作

揖行礼，比完赛还要一起喝酒，这种竞赛氛围是不是特别轻松？大家通过射箭互相了解，增进感情，所以比赛结果就变得不那么重要了。

春秋时期，晋国的国君晋平公问大夫祁（qí）黄羊："现在南阳（古地名）县令的职位正空缺，你觉得谁适合呢？"祁黄羊回答说："解狐可以。"晋平公听了很惊讶，说："解狐不是你的仇人吗？"祁黄羊答道："您是问我谁适合这县令一职，也没问谁是我的仇人哪。"于是，晋平公就派解狐去任职。果然不出祁黄羊所料，解狐就职后为民众做了许多实事、好事，受到了南阳民众的拥护。

又有一次，朝廷缺少一位军尉，于是晋平公又请祁黄羊推荐。祁黄羊说："祁午合适。"晋平公不禁问："祁午是你的儿子，你就不怕别人说闲话吗？"祁黄羊坦然道："您要我推荐的是军尉，又没问谁是我的儿子。"平公接受了这个建议，派祁午担任军尉的职务。结果祁午不负所望，受到了国人的连连称赞。孔子听说了这些事后，感慨道："太好了！祁黄羊推荐人才，对外不排斥仇人，对内又不回避亲生儿子，真是大公无私呀！"

宋代有两位我们非常熟悉的名人——欧阳修和王安石，他们就是有竞争关系的朋友。他们都是北宋著名的政治家，都希望国家富强，这让他们结下了深厚的友谊。但是欧阳修在政治上是保守派，反对王安石变法，在朝堂上少不了针锋相对，不过这并没有影响

他们的友情。欧阳修去世，王安石还曾撰祭文悼念，高度评价了欧阳修的学术成就和人品，表达了对他的深切怀念之情。

读一读，想一想

　　快乐的竞争，意味着并不一定要把你的竞争对手当成敌人。尽自己最大的努力，赛场上和你的对手放手一拼，赢了握一握手，输了再约下次，这样的竞争才是光明磊落的竞争。

═ 仁者爱人 ═

什么是真正的"仁"？

> 子张问仁于孔子。孔子曰："能行五者于天下
> 为仁矣。""请问之。"曰："恭、宽、信、敏、
> 惠。恭则不侮，宽则得众，信则人任焉，敏则有功，
> 惠则足以使人。"
>
> ——《论语·阳货》

■ 《论语》这本书里，关于"仁"的讨论有很多，
但孔子和他的弟子们却从来没有对"仁"字下一个明
确的定义。我们还听说过"仁者爱人"这句话，这句

话出自《孟子》，是孔子对弟子关于"'仁'是什么？"的回答。

　　大家是不是觉得，爱爸爸妈妈，爱兄弟姐妹，就是孔子说的"爱人"？这样理解也没错，但是孔子认为的"仁者爱人"可不是只有这么简单的一层意思。

　　有一次，一位盲人乐师来见孔子。他走到了台阶边，孔子就提醒他脚下有台阶；他走到屋子里，孔子又告诉他哪里有席子可以坐；等他坐下了，孔子又给他介绍屋里的人，以及某某在哪儿。等这位盲人乐师走了之后，孔子的学生子张就问他："老师，这就是和乐师说话的方式吗？"古代的乐师一般都是由盲人担任的，子张以为孔子对乐师的关心是一种既定的礼仪，所以才有此疑问。孔子说："是的，而且我们接待眼睛看不见的人，就应该是这样的。"

孔子曾经诅咒第一个拿人俑殉葬的人，他说："始作俑者，其无后乎！"这句话的意思是，那个首先用人俑殉葬的人，是缺德的，他会断子绝孙！孔子这么有涵养的人怎么会这么说呢？原来，孔子之所以发出这样的感慨，是因为我国古代社会曾出现过惨无人道的殉葬制度。那时，如果有贵族死了，就要用奴隶等活人殉葬。后来随着社会的进步，活人殉葬才逐渐变为由活的牲畜殉葬。到了孔子所处的春秋时期，开始实行陶俑殉葬。孔子认为，真正的仁者，不仅不会用人殉葬，连用像人的俑来殉葬都不会，所以这样骂他们。

还有一次，孔子的马厩失火了，他回家第一时间就问"有人受伤了吗？"，而没有问马的情况。在马厩工作的人一般是仆人，在当时的社会，仆人的命不一定比一匹马的命值钱。而孔子只关心人受伤了没有，而不问马伤到没有，也是他"爱人"表现。

当然，这不代表孔子就不关心动物的生命。《论语》中就曾记载："子钓而不纲，弋不射宿。"孔子钓鱼绝不用系满钓钩的大绳来捕鱼，这是因为这样会连小鱼小虾也一股脑钓上来，他不忍心这样做。他打猎也从不射正在归巢的鸟，因为归巢的鸟往往嘴里衔着食物，把大鸟打死了，巢里的小鸟也得饿死。由此可见，孔子对动物也是心存仁爱的。

孔子一直希望找到明主，施展自己的抱负，实现天下大同。因为他清楚地认识到个人的能力有限，无论他有多"爱人"，受惠者只能是一小部分。如果统治者也能够"爱人"，那就是万民之幸。所以他才去周游列国，不厌其烦地到各国的君主那里去讲"爱人"。但我们都知道春秋乱世，各国都在交战，让天下太平，百姓安居乐业，连上古的明君都很难做到，何况是那些追名逐利的诸侯呢？

孔子奔走列国十几年，碰了许多钉子，可能有人接受他的观点，但是没有人会去实行。无奈的孔子最终还是回到了鲁国，他只能把精力放到整理古代文化典籍和教育学生上面，希望自己的思想能通过学生流传下去，并在后世发扬光大。

读一读，想一想

　　"仁"是孔子穷尽一生秉持的原则。今天的我们生活在一个和平年代，不需要像孔子这样"救世"，但是我们仍然要怀有一颗"仁爱"的心，善待我们周围的所有人，多设身处地地为别人想想，做到"己所不欲，勿施于人"，你也会成为一位"仁者"！